Rédactrice
Lorin Klistoff, M.A.

Directrice de la rédaction
Karen Goldfluss, M.S. Éd.

Rédactrice en chef
Sharon Coan, M.S. Éd.

Illustration de la couverture
Barb Lorseyedi

Coordination artistique
Kevin Barnes

Direction artistique
CJae Froshay

Imagerie
Alfred Lau
James Edward Grace
Rosa C. See

Chef de produit
Phil Garcia

Éditrice
Mary D. Smith, M.S. Éd.

de problèmes

3e année

Auteure
Mary Rosenberg
Texte français de Martine Faubert

ISBN 978-0-545-99112-4
Copyright © Teacher Created Resources, Inc., 2002.
Copyright © Éditions Scholastic, 2008, pour le texte français.
Tous droits réservés.

Titre original: Practice Makes Perfect – World Problems Grade 3

Édition publiée par les Éditions Scholastic, 604, rue King Ouest, Toronto (Ontario) M5V 1E1,
avec la permission de Teacher Created Resources, Inc.

5 4 3 2 1   Imprimé aux États-Unis   08 09 10 11 12

Table des matières

« C'est en forgeant qu'on devient forgeron. » On ne peut dire mieux, quand il s'agit des apprentissages que votre enfant doit faire à l'âge scolaire. Plus il fera d'exercices servant de compléments aux notions acquises à l'école, mieux il assimilera ces dernières. Il est donc important pour vous de savoir comment l'aider et d'avoir à votre disposition le matériel nécessaire. Il faut également que vous connaissiez les aspects sur lesquels insister si vous voulez que l'aide apportée à votre enfant lui soit bénéfique.

Ce cahier d'exercices a été conçu pour les parents désireux d'accompagner les enfants dans leurs apprentissages de base. Il permet de passer en revue les notions de mathématiques de base apprises en 3e année du primaire et il traite plus précisément des problèmes de mathématiques mis en mots. Comme il serait impossible de traiter dans un seul cahier de tous les concepts appris en 3e année, l'accent a été mis sur les notions ci-dessous, dont les exercices proposés favoriseront l'assimilation. Ce sont des notions de base généralement communes à tous les programmes d'enseignement de ce niveau. (Veuillez vous reporter à la table des matières pour connaître l'objectif visé par chacun des exercices.)

- Arrondissement à la dizaine ou à la centaine la plus près
- Additions sans retenues
- Additions avec retenues
- Divisions avec reste
- L'argent (additions et soustractions)
- Probabilité; plus grand que et plus petit que

- Soustractions sans retenues
- Soustractions avec retenues
- Multiplications et divisions
- L'heure
- Additions et soustractions de fractions
- Aire géométrique; moyenne arithmétique

Ce cahier comporte 36 exercices, à raison d'un exercice par page, allant des notions les plus simples aux plus complexes. Pour corriger les exercices, reportez-vous au corrigé des pages 47 et 48. Les exercices sont suivis de six exercices de révision comportant des problèmes à réponses multiples, afin de préparer l'enfant à ce type de formulation, très courant dans les examens ministériels. L'enfant devra reporter ses réponses sur la feuille-réponse de la page 46, en noircissant la lettre appropriée. Ensuite, à l'aide du corrigé des pages 47 et 48, vous pourrez corriger les exercices de révision, de même que les exercices progressifs qui les précèdent.

Quelques conseils

Voici quelques stratégies qui vous permettront de tirer le meilleur parti possible de ce cahier d'exercices.

- Choisissez un endroit précis de la maison où votre enfant devra s'installer pour faire les exercices. Veillez à ce que tout y soit bien rangé, avec le matériel nécessaire à portée de la main.

- Déterminez un moment précis de la journée où il devra faire ses exercices afin de l'aider à fournir un travail régulier. Si ce n'est pas possible, essayez de trouver dans vos journées ou vos semaines des moments calmes, plus propices à un travail de réflexion.

- Veillez à ce que chaque séance de travail se déroule de façon constructive et positive. Si vous sentez que l'atmosphère devient tendue et que vous ou votre enfant devenez irritables, suspendez la séance et reportez la suite à un moment plus propice. Il est préférable de ne pas forcer l'enfant à travailler. Le cahier ne doit pas non plus être utilisé dans le but de le punir.

- Au besoin, aidez votre enfant. S'il éprouve de la difficulté devant un exercice donné, montrez-lui comment il doit s'y prendre en faisant le premier problème avec lui.

- Corrigez les exercices au fur et à mesure que votre enfant les termine. Cela l'aidera à mieux assimiler les notions.

- Laissez votre enfant écrire avec le genre de crayon qu'il préfère. Les exercices lui sembleront peut-être plus agréables s'il utilise des crayons de couleur, par exemple.

- Essayez de détecter les notions sur lesquelles votre enfant bute. Donnez-lui alors le soutien nécessaire ainsi que des exercices supplémentaires sur ces notions. Encouragez-le à avoir recours à des supports visuels. Le dessin ou la manipulation d'objets, comme des pièces de monnaie, des réglettes, des jetons ou des cartes, peuvent l'aider à mieux comprendre les notions plus complexes.

- Profitez des situations quotidiennes pour mettre en pratique ce qu'il est en train d'apprendre.

Exercice 1

Arrondis le nombre à la dizaine la plus près, puis fais l'addition ou la soustraction.

- Si le chiffre à la place des unités est égal à 5 ou plus, arrondis à la dizaine supérieure. Par exemple : 4<u>6</u> ➜ 50
- Si le chiffre à la place des unités est égal à 4 ou moins, arrondis à la dizaine inférieure. Par exemple : 4<u>4</u> ➜ 40

1. Caroline a 18 jujubes rouges et 41 jujubes verts. Environ combien de jujubes a-t-elle en tout?

   Caroline a environ _____ jujubes en tout.

2. Orville a obtenu 62 points. Olivier a obtenu 17 points. Environ combien de points ont-ils obtenus en tout?

   Ils ont obtenu environ _____ points en tout.

3. Anouk a trouvé 53 coquillages et 83 étoiles de mer. Environ combien d'étoiles de mer Anouk a-t-elle trouvées de plus que de coquillages?

   Anouk a trouvé environ _____ étoiles de mer de plus que de coquillages.

4. Salomon a cueilli 14 framboises et 35 prunes. Environ combien de prunes Salomon a-t-il cueillies de plus que de framboises?

   Salomon a cueilli environ _____ prunes de plus que de framboises.

5. Vincent a 89 vaches et 3 chèvres. Environ combien d'animaux Vincent a-t-il en tout?

   Vincent a environ _____ animaux en tout.

6. Timothée a ramassé 17 gros cailloux et 46 petits cailloux. Environ combien de cailloux Timothée a-t-il ramassés?

   Timothée a ramassé environ _____ cailloux.

Exercice 2

Quand tu arrondis un nombre à la centaine la plus près, rappelle-toi ce qui suit.

Si le chiffre à la place des dizaines est égal à 5 ou plus, arrondis à la centaine supérieure. Par exemple : 391 ➤ 400
Si le chiffre à la place des dizaines est égal à 4 ou moins, arrondis à la centaine inférieure. Par exemple : 311 ➤ 300

Arrondis chaque nombre à la centaine la plus près.

		Roulades	**Arabesques**	**Chandelles**
	Chantal	63 ___	110 ___	105 ___
	Brigitte	51 ___	192 ___	212 ___
	Martin	87 ___	181 ___	210 ___
	Paco	74 ___	187 ___	159 ___

Utilise les nombres que tu as arrondis à la centaine la plus près pour répondre aux questions suivantes. Noircis le cercle correspondant à la bonne réponse.

1. Environ combien de roulades Brigitte et Martin ont-ils faites en tout?

   100　　　　　200　　　　　300

   ○　　　　　　○　　　　　　○

2. Environ combien de chandelles Paco et Chantal ont-ils faites en tout?

   100　　　　　200　　　　　300

   ○　　　　　　○　　　　　　○

3. Environ combien d'exercices Brigitte a-t-elle faits en tout?

   400　　　　　500　　　　　600

   ○　　　　　　○　　　　　　○

Exercice 3

Trouve la solution.

1. Jocelyne distribue le courrier à 865 maisons. En ce moment, elle a déjà remis le courrier à 423 maisons. À combien de maisons Jocelyne doit-elle encore remettre le courrier?

$$\begin{array}{r} 865 \\ - 423 \\ \hline \end{array}$$

Jocelyne doit encore distribuer le courrier à _____ maisons.

2. Roch collectionne les cartes postales. Sa tante lui a envoyé 415 cartes postales pendant son voyage en Égypte. Son oncle lui a envoyé 251 cartes postales pendant son voyage en Allemagne. Combien Roch a-t-il reçu de cartes postales?

$$\begin{array}{r} 415 \\ + 251 \\ \hline \end{array}$$

Roch a reçu _____ cartes postales.

3. Gabrielle a 757 pièces de courrier à distribuer. Parmi ces pièces, 344 sont des cartes postales. Les autres sont des lettres. Combien Gabrielle a-t-elle de lettres à distribuer?

Gabrielle a _____ lettres à distribuer.

4. Antoine a distribué 423 colis. Parmi ces colis, 101 portaient la mention « Livraison en 1 jour ». Les autres portaient la mention « Livraison en 2 jours ». Combien de colis portaient la mention « Livraison en 2 jours »?

_____ colis portaient la mention « Livraison en 2 jours ».

5. Julie a vendu 423 timbres avec des papillons et 101 timbres avec des coccinelles. Combien Julie a-t-elle vendu de timbres en tout?

Julie a vendu _____ timbres en tout.

6. Dans son bureau de poste, Rose a 200 colis et 357 lettres. Combien a-t-elle de colis et de lettres en tout?

Rose a _____ colis et lettres en tout.

Exercice 4

Trouve la solution.

1. Chloé veut rassembler une collection de 8 431 pièces de 1 ¢. Ses parents lui donnent 1 301 pièces de 1 ¢. Combien Chloé doit-elle encore ramasser de pièces de 1 ¢ pour atteindre son objectif?

$$\begin{array}{r} 8\ 431 \\ -\ 1\ 301 \\ \hline \end{array}$$

Chloé doit encore ramasser _____.

2. Lundi, Émile a ramassé 3 050 pièces de 1 ¢. Mardi, Émile a ramassé 3 438 pièces de 1 ¢. Combien Émile a-t-il ramassé de pièces de 1 ¢ en tout?

$$\begin{array}{r} 3\ 050 \\ +\ 3\ 438 \\ \hline \end{array}$$

Émile a ramassé _____ en tout.

3. Kateri a trouvé 5 211 pièces de 1 ¢ dans sa tirelire et 2 506 pièces de 1 ¢ dans sa pochette-surprise. Combien Kateri a-t-elle trouvé de pièces de 1 ¢ en tout?

Kateri a trouvé _____ pièces de 1 ¢ en tout.

4. Alexandra a ramassé des pièces de 1 ¢ chez ses voisins. Mme Gilbert lui a donné 2 102 pièces de 1 ¢ et M. Lebrun lui a donné 1 886 pièces de 1 ¢. Combien Alexandra a-t-elle ramassé de pièces de 1 ¢?

Alexandra a ramassé _____ pièces de 1 ¢.

5. Ginette a ramassé 6 533 pièces de 1 ¢ en tout dans la fontaine. Elle a ramassé 3 301 pièces de 1 ¢, dans le bassin du haut de la fontaine. Combien a-t-elle ramassé de pièces de 1 ¢ dans le bassin du bas de la fontaine?

Ginette a ramassé _____ pièces de 1 ¢.

6. Joshua reçoit 1 pièce de 1 ¢ pour chaque page qu'il lit. La semaine dernière, il a lu 2 110 pages et cette semaine, 3 239 pages. Combien Joshua a-t-il reçu de pièces de 1 ¢?

Joshua a reçu _____ pièces de 1 ¢.

Exercice 5

Trouve la solution.

---

1. Brenda distribue 48 journaux le matin et 25 journaux l'après-midi. Combien Brenda distribue-t-elle de journaux en tout?

$$
\begin{array}{r}
48 \\
+ 25 \\
\hline
\end{array}
$$

Brenda distribue _____ journaux en tout.

2. Nicolas a distribué 34 pièces de courrier le matin et 39 pièces de courrier l'après-midi. Combien Nicolas a-t-il distribué de pièces de courrier en tout?

Nicolas a distribué _____ pièces de courrier en tout.

---

3. Roger a vu 13 mouches, 57 guêpes et 7 maringouins. Combien Roger a-t-il vu d'insectes en tout?

Roger a vu _____ insectes en tout.

4. Maryse a vu 4 abeilles domestiques, 57 abeilles découpeuses et 7 abeilles charpentières. Combien Maryse a-t-elle vu d'abeilles en tout?

Maryse a vu _____ abeilles en tout.

---

5. Aimée a récolté 56 329 kilos de noix de Grenoble et 10 428 kilos de pacanes. Combien Aimée a-t-elle récolté de kilos de noix en tout?

Aimée a récolté _____ kilos de noix en tout.

6. Godefroy a récolté 34 159 kilos de maïs et 11 724 kilos de pois. Combien Godefroy a-t-il récolté de kilos de légumes en tout?

Godefroy a récolté _____ kilos de légumes en tout.

Exercice 6

Trouve la solution.

1. Ronald a 9 131 pièces de 1 ¢ dans sa tirelire. Il en a mis 9 050 en rouleaux. Combien reste-t-il de pièces de 1 ¢ non roulées à Ronald?

$$
\begin{array}{r}
9\ 131 \\
-\ 9\ 050 \\
\hline
\end{array}
$$

Il reste _____ pièces de 1 ¢ non roulées à Ronald.

2. Mathieu Hébert est né en 1866 et il est mort en 1955. À quel âge Mathieu Hébert est-il mort?

Mathieu Hébert est mort à l'âge de _____ ans.

3. Frédéric Dubois est né en 1817 et il est mort en 1895. À quel âge Frédéric Dubois est-il mort?

Frédéric Dubois est mort à l'âge de _____ ans.

4. Jérémie Lebrun a couru 12 312 mètres. François Leblanc a couru 12 120 mètres. Combien Jérémie Lebrun a-t-il couru de mètres de plus?

Jérémie Lebrun a couru _____ mètres de plus.

5. Charlotte habite au numéro 3197. Le numéro de porte de Valérie est inférieur de 364. Quel est le numéro de porte de Valérie?

Le numéro de porte de Valérie est _____ .

6. Bertrand doit conduire son camion à sa prochaine destination, qui est à 5 145 kilomètres. Il a déjà parcouru 3 728 kilomètres. Combien de kilomètres Bertrand doit-il encore parcourir?

Bertrand doit encore parcourir _____ kilomètres.

Exercice 7

Trouve la solution.

1. Il y a 73 995 chiens labradors noirs et 72 914 chiens labradors blonds. Combien y a-t-il de labradors en tout?

$$
\begin{array}{r}
73\ 995 \\
+\ 72\ 914 \\
\hline
\end{array}
$$

Il y a _____ labradors en tout.

2. Il y a 1 979 chats siamois et 4 349 chats abyssins. Combien y a-t-il de chats abyssins de plus que de chats siamois?

$$
\begin{array}{r}
4\ 349 \\
-\ 1\ 979 \\
\hline
\end{array}
$$

Il y a _____ chats abyssins de plus que de chats siamois.

3. Il y a 33 108 bergers allemands et 52 610 beagles. Combien y a-t-il de beagles de plus que de bergers allemands?

Il y a _____ beagles de plus que de bergers allemands.

4. Il y a 2 112 chats roux à poil court, 6 031 chats noirs à poil court et 942 chats blancs à poil court. Combien y a-t-il de chats à poil court en tout?

Il y a _____ chats à poil court en tout.

Exercice 8

Trouve la solution.

1. Il y a 4 paniers et 2 pommes dans chaque panier. Combien y a-t-il de pommes en tout?

$$4 \times 2 = \underline{}$$

Il y a _____ pommes en tout.

2. Il y a 2 chiens. Chaque chien a 2 os. Combien y a-t-il d'os en tout?

$$2 \times 2 = \underline{}$$

Il y a _____ os en tout.

3. Patricia a 2 bols. Elle met 3 boules de crème glacée dans chaque bol. Combien y a-t-il de boules de crème glacée en tout?

Il y a _____ boules de crème glacée en tout.

4. Nadine a vu 4 autos. Il y avait 4 passagers dans chaque auto. Combien Nadine a-t-elle vu de personnes en tout?

Nadine a vu _____ personnes en tout.

5. Il y a 8 araignées. Chaque araignée a 8 pattes. Combien y a-t-il de pattes en tout?

Il y a _____ pattes en tout.

6. Il y a 5 pieuvres. Chaque pieuvre a 8 tentacules. Combien y a-t-il de tentacules en tout?

Il y a _____ tentacules en tout.

Exercice 9

Noircis le cercle correspondant à la bonne réponse.

1. Pénélope a 5 kilos de papier journal. Chaque kilo vaut 1 ¢. Combien vaut son papier journal?

   ◯ 5 x 1 ¢ = 5 ¢

   ◯ 5 x 2 ¢ = 10 ¢

   ◯ 5 x 5 ¢ = 25 ¢

2. Le centre de recyclage remet 3 ¢ pour chaque cannette. Pierre a 8 cannettes. Combien valent ses cannettes?

   ◯ 8 x 8 ¢ = 64 ¢

   ◯ 8 x 1 ¢ = 8 ¢

   ◯ 8 x 3 ¢ = 24 ¢

3. Nicole a 4 sacs d'épicerie. Dans chaque sac d'épicerie, il y a 6 contenants de plastique. Combien y a-t-il de contenants de plastique en tout?

   ◯ 6 x 4 = 24

   ◯ 4 x 4 = 16

   ◯ 6 x 6 = 36

4. Raymond a 3 bouteilles de lait en plastique. Paulette a 3 fois plus de bouteilles que Raymond. Combien Paulette a-t-elle de bouteilles?

   ◯ 3 x 1 = 3

   ◯ 3 x 2 = 6

   ◯ 3 x 3 = 9

5. Colette a 5 boîtes de carton. Chaque boîte de carton vaut 6 ¢. Combien valent ses boîtes de carton?

   ◯ 5 x 5 ¢ = 25 ¢

   ◯ 5 x 6 ¢ = 30 ¢

   ◯ 5 x 1 ¢ = 5 ¢

6. Théodore a 9 revues. Chaque revue recyclée peut servir à fabriquer 3 journaux. Combien peut-on fabriquer de journaux avec les 9 revues?

   ◯ 3 x 3 = 9

   ◯ 3 x 9 = 27

   ◯ 7 x 3 = 21

Exercice 10 ❧ ❧ ❧ ❧ ❧ ❧ ❧ ❧ ❧ ❧ ❧ ❧

Lis le problème. Écris la multiplication et son résultat. N... e cercle correspondant à la bonne réponse.

1. Il y a 4 douzaines d'œufs. Combien y a-t-il d'œufs en tout? (Indice : il y a 12 œufs dans une douzaine.)

12 œufs   48 œufs   16 œufs
 ○   ○   ○

2. Combien d'heures y a-t-il dans 2 journées? (Indice : il y a 24 heures dans 1 journée.)

48 heures   24 heures   2 heures
 ○   ○   ○

3. Combien de mois y a-t-il dans 4 années? (Indice : il y a 12 mois dans 1 année.)

48 mois   84 mois   24 mois
 ○   ○   ○

4. Combien de jours y a-t-il dans 11 semaines? (Indice : il y a 7 jours dans 1 semaine.)

18 jours   77 jours   81 jours
 ○   ○   ○

5. Combien de jours y a-t-il dans une année?

730 jours   365 jours   12 mois
 ○   ○   ○

6. Un mois a 30 jours. Combien y a-t-il de jours dans 7 mois?

37 jours   201 jours   210 jours
 ○   ○   ○

7. Combien de centimètres y a-t-il dans 5 mètres (Indice : il y a 100 centimètres dans 1 mètre.)

555 cm   50 cm   500 cm
 ○   ○   ○

8. Il y a 100 centimètres dans 1 mètre. Combien y a-t-il de centimètres dans 8 mètres?

800 cm   180 cm   808 cm
 ○   ○   ○

Exercice 11

Trouve la solution. Noircis le cercle correspondant à la bonne réponse.

1. Béatrice a utilisé 64 perles pour faire 8 colliers. Combien de perles y a-t-il dans chaque collier?

$$64 \div 8 = \underline{\quad}$$

6 perles   ○
7 perles   ○
8 perles   ○

2. Joël a trouvé 20 graines dans 5 citrouilles. Combien y avait-il de graines dans chaque citrouille?

4 graines   ○
5 graines   ○
3 graines   ○

3. Mathilde a posé 16 pattes à 2 araignées en guimauve. Combien Mathilde a-t-elle posé de pattes à chaque araignée?

6 pattes   ○
8 pattes   ○
10 pattes   ○

4. Paul a posé 12 ailes à 6 abeilles de papier. Combien Paul a-t-il posé d'ailes à chaque abeille?

1 aile   ○
3 ailes   ○
2 ailes   ○

5. Benoît a fixé 30 plumes sur 6 bandeaux. Combien a-t-il fixé de plumes à chaque bandeau?

5 plumes   ○
6 plumes   ○
7 plumes   ○

6. Stanislas a compté 18 oreilles sur 9 souris. Combien d'oreilles avait chaque souris?

2 oreilles   ○
0 oreille   ○
1 oreille   ○

Exercice 12 ⟳ ⟳ ⟳ ⟳ ⟳ ⟳ ⟳ ⟳ ⟳ ⟳ ⟳ ⟳ ⟳

Trouve la solution. Pour vérifier la réponse, fais la multiplication.

Exemple : Monique a fait 50 fleurs pour 10 gâteaux. Combien de fleurs y a-t-il sur chaque gâteau?

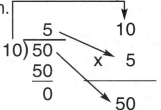

Il y a ___5___ fleurs sur chaque gâteau.

---

1. Camille a utilisé 48 balles de foin pour faire 4 piles. Combien de balles de foin y a-t-il dans chaque pile?

 ⟌   x _____

 Il y a _____ balles de foin dans chaque pile.

---

2. Rachel a compté 72 cerises dans 2 cuillerées de crème glacée. Combien y a-t-il de cerises dans chaque cuillerée?

 ⟌   x _____

 Il y a _____ cerises dans chaque cuillerée.

---

3. Julien a mis 39 os pour chiens dans 3 boîtes. Combien d'os pour chiens y a-t-il dans chaque boîte?

 ⟌   x _____

 Il y a _____ os pour chiens dans chaque boîte.

---

4. Guy a compté 44 paires de brassards flotteurs dans 4 piscines. Combien de brassards flotteurs y a-t-il dans chaque piscine?

 ⟌   x _____

 Il y a _____ brassards flotteurs dans chaque piscine.

Exercice 13

Trouve la solution.

1. Il y a 60 biscuits dans un sac de 4 kilos. Combien y a-t-il de biscuits dans un sac de 1 kilo?

$$60 \div 4 = \underline{}$$

Il y a _____ biscuits dans un sac de 1 kilo.

2. Il y a 270 grains de riz soufflé dans un sac de 3 grammes. Combien y a-t-il de grains dans un sac de 1 gramme?

$$270 \div 3 = \underline{}$$

Il y a _____ grains de riz soufflé dans un sac de 1 gramme.

3. Un sac de 2 grammes de graines contient 100 graines. Combien y a-t-il de graines dans un sac de 1 gramme?

Il y a _____ graines dans un sac de 1 gramme.

4. Un sac de 7 grammes de graines de sésame contient 490 graines. Combien de graines y a-t-il dans un sac de 1 gramme?

Il y a _____ graines de sésame dans un sac de 1 gramme.

5. Un sac de 10 grammes de bâtonnets contient 250 bâtonnets. Combien y a-t-il de bâtonnets dans un sac de 1 gramme?

Il y a _____ bâtonnets dans un sac de 1 gramme.

6. Un sac de 9 grammes de plumes contient 99 plumes. Combien de plumes y a-t-il dans un sac de 1 gramme?

Il y a _____ plumes dans un sac de 1 gramme.

7. Avec une bouteille d'orangeade de 120 millilitres, on remplit 6 verres. Combien de millilitres chaque verre reçoit-il?

Chaque verre reçoit _____ millilitres.

8. Avec un pichet de lait de 64 millilitres, on remplit 8 verres. Combien de millilitres de lait chaque verre reçoit-il?

Chaque verre reçoit _____ millilitres de lait.

Exercice 14

Trouve la solution. Noircis le cercle correspondant à la bonne réponse.

1. Un petit pot contient 23 boutons. Un grand pot contient 10 fois plus de boutons. Combien y a-t-il de boutons dans un grand pot?

$$23 \times 10 = \underline{\quad}$$

23	203	230
○	○	○

2. Kevin a 150 billets. Chaque tour de manège coûte 10 billets. Combien Kevin peut-il faire de tours de manège?

$$150 \div 10 = \underline{\quad}$$

10	15	51
○	○	○

3. Anne-Laure pèse 80 kilos. C'est dix fois plus que son petit frère Mathieu. Combien Mathieu pèse-t-il?

7 kilos	8 kilos	9 kilos
○	○	○

4. Une ampoule ordinaire donne 40 heures d'éclairage. Une nouvelle sorte d'ampoule améliorée donne 10 fois plus d'heures d'éclairage. Combien la nouvelle sorte d'ampoule donne-t-elle d'heures d'éclairage?

40 heures	400 heures	4 000 heures
○	○	○

5. Il y a 10 pièces de 10 ¢ dans 1 dollar. Combien y a-t-il de pièces de 10 ¢ dans 10 dollars?

10	100	110
○	○	○

6. Samuel a 10 plateaux à glaçons. Chaque plateau peut contenir 20 glaçons. Combien Samuel peut-il faire de glaçons?

100	200	300
○	○	○

Exercice 15

Trouve la solution. Noircis le cercle correspondant à la bonne réponse.

1. Il y a 100 pièces de 1 ¢ dans 1 dollar. Combien y a-t-il de pièces de 1 ¢ dans 10 $?

   10 x 100 = ___

   100   1 000   10 000
    ○   ○   ○

2. Ursule a 1 800 chandelles dans 100 sacs. Combien y a-t-il de chandelles dans chaque sac?

   1 800 ÷ 100 = ___

   18   80   100
    ○   ○   ○

3. Une bague avec un faux diamant coûte 0,25 $. Une bague avec un vrai diamant coûte 100 fois plus cher. Combien coûte une bague avec un vrai diamant?

   0,25 $ 2,50 $ 25 $
    ○   ○   ○

4. 100 classes d'élèves ont ramassé 5 000 cannettes d'aluminium. Combien chaque classe a-t-elle ramassé de canettes?

   5   50   500
    ○   ○   ○

5. Avec 1 pain, on peut faire 20 sandwichs. Combien peut-on faire de sandwichs avec 100 pains?

   20   200   2 000
    ○   ○   ○

6. Janie vend chaque journal 0,10 $. Combien aura-t-elle si elle vend 100 journaux?

   0,10 $ 10 $ 100 $
    ○   ○   ○

Exercice 16 ⟋ ⟋ ⟋ ⟋ ⟋ ⟋ ⟋ ⟋ ⟋ ⟋ ⟋ ⟋ ⟋ ⟋ ⟋

Trouve la solution.

1. Angèle a 74 photos. Elle range un nombre égal de photos dans 3 albums. Combien de photos y a-t-il dans chaque album?

$$3\overline{)74}R$$

Il y a _____ photos dans chaque album.

Il en reste _____.

2. André a 44 cartes de baseball. Il range un nombre égal de cartes dans 7 pochettes à classement. Combien de cartes y a-t-il dans chaque pochette?

$$7\overline{)44}R$$

Il y a _____ cartes dans chaque pochette.

Il en reste _____.

3. Germain a 75 paires de chaussettes réparties en nombre égal dans 9 tiroirs. Combien de paires de chaussettes y a-t-il dans chaque tiroir?

Il y a _____ paires de chaussettes dans chaque tiroir.

Il en reste _____.

4. Rachel a 83 ceintures réparties en nombre égal sur 9 crochets. Combien de ceintures y a-t-il sur chaque crochet?

Il y a _____ ceintures sur chaque crochet.

Il en reste _____.

5. Il y a 189 chandelles réparties en nombre égal dans 8 boîtes. Combien de chandelles y a-t-il dans chaque boîte?

Il y a _____ chandelles dans chaque boîte.

Il reste _____ chandelles.

6. Il y a 583 allumettes réparties également dans 6 boîtes. Combien y a-t-il d'allumettes dans chaque boîte?

Il y a _____ allumettes dans chaque boîte.

Il reste _____ allumettes.

Exercice 17 ∂ ❧ ∂ ❧ ∂ ∂ ❧ ❧ ∂ ❧ ❧ ∂ ❧ ❧ ∂ ∂ ❧

Trouve la solution.

1. Un chameau pèse environ 495 kilos. Un orignal pèse environ 590 kilos. Le poids d'un chameau combiné à celui d'un orignal donne un poids à peu près égal à celui d'un bison. Combien un bison pèse-t-il environ?

Un bison pèse environ _____ kilos.

2. Un orignal pèse environ 590 kilos. Un gorille pèse environ 218 kilos. La différence de poids entre ces deux animaux correspond à peu près au poids d'un tigre. Combien un tigre pèse-t-il environ?

Un tigre pèse environ _____ kilos.

3. Un ours brun pèse environ 774 kilos. Un chameau pèse environ 495 kilos. Un orignal pèse environ 590 kilos. Le poids d'un ours brun combiné à celui d'un chameau et d'un orignal donne un poids à peu près égal à celui d'un hippopotame. Combien un hippopotame pèse-t-il environ?

Un hippopotame pèse environ _____ kilos.

4. Une girafe pèse environ 1 196 kilos. Le poids d'un éléphant d'Afrique est à peu près celui de 4 girafes. Le poids d'un rhinocéros est à peu près celui de 3 girafes. Combien un éléphant d'Afrique et un rhinocéros pèsent-ils environ?

Un éléphant d'Afrique pèse environ _____ kilos.

Un rhinocéros pèse environ _____ kilos.

Exercice 18 ꙮ ꙮ ꙮ ꙮ ꙮ ꙮ ꙮ ꙮ ꙮ ꙮ ꙮ ꙮ ꙮ ꙮ

Trouve la solution. Noircis le cercle correspondant à la bonne réponse.

1. Ce matin, Jeannette a mis 3 minutes à se brosser les dents, 5 minutes à se brosser les cheveux et un quart d'heure à s'habiller. Combien de minutes a-t-il fallu à Jeannette pour se préparer?

10 min	23 min	33 min
○	○	○

2. Noël a mis une demi-heure à faire cuire les boulettes de viande et un quart d'heure à faire cuire les spaghettis. Combien de minutes a-t-il fallu à Noël pour faire cuire les spaghettis et les boulettes?

15 min	30 min	45 min
○	○	○

3. Pascale a mis un quart d'heure à peindre le mur en rouge et 20 minutes à peindre le plafond en orange. Combien de minutes a-t-il fallu à Pascale pour peindre le mur et le plafond?

35 min	40 min	45 min
○	○	○

4. Jules a mis un quart d'heure à passer l'aspirateur dans l'auto, un quart d'heure à laver l'auto et un quart d'heure à cirer l'auto. Combien de minutes a-t-il fallu à Jules pour nettoyer l'auto?

15 min	30 min	45 min
○	○	○

5. Suzelle a mis 10 minutes à faire du ménage dans sa chambre, 10 minutes à faire du ménage dans la maison et 5 minutes à ramasser des feuilles mortes. Combien de minutes a-t-il fallu à Suzelle pour faire tout ça?

25 min	50 min	75 min
○	○	○

6. André a mis 8 minutes à s'habiller, une demi-heure à manger et 1 minute à se brosser les cheveux. Combien de temps a-t-il fallu à André pour être prêt?

24 min	20 min	39 min
○	○	○

Apprendre par l'exercice – Résolution de problèmes – 3ᵉ année

Exercice 19 ꙅ ꙅ ꙅ ꙅ ꙅ ꙅ ꙅ ꙅ ꙅ ꙅ ꙅ ꙅ ꙅ ꙅ

Trouve la solution.

1. L'école commence à 8 h. La récréation est à 10 h 15. Combien de temps y a-t-il entre le début de l'école et la récréation?

   Il y a _____ heures et _____ minutes.

2. La récréation est à 10 h 15. Le dîner est à 12 h. Combien de temps y a-t-il entre la récréation et le dîner?

   Il y a _____ heures et _____ minutes.

3. Le film a duré 2 heures. Il s'est terminé à 16 h 15. À quelle heure le film a-t-il commencé?

   Le film a commencé à _____.

4. Anne a mis 45 minutes à faire la vaisselle. Elle a terminé à 19 h 30. À quelle heure a-t-elle commencé à faire la vaisselle?

   Anne a commencé à faire la vaisselle à _____.

5. Geoffroy est arrivé chez le coiffeur à 14 h 25. Il lui a fallu 22 minutes pour se faire couper les cheveux. À quelle heure Geoffroy est-il reparti de chez le coiffeur?

   Geoffroy est reparti de chez le coiffeur à _____.

6. Céleste est allée chez le coiffeur. Il lui a fallu 37 minutes pour se faire friser les cheveux et 15 minutes pour les sécher au séchoir. Combien de temps Céleste a-t-elle passé chez le coiffeur?

   Céleste a passé _____ minutes chez le coiffeur.

Exercice 20

Utilise le tableau pour t'aider à trouver la solution. Noircis le cercle correspondant à la bonne réponse.

timbre	grande enveloppe	petite enveloppe	emballage alvéolé
34 ¢	12 ¢	8 ¢	11 ¢ le mètre
stylos	petite boîte	moyenne boîte	grande boîte
2 pour 15 ¢	25 ¢	40 ¢	55 ¢

1. Jamel a acheté 4 stylos, 3 timbres et 5 mètres d'emballage alvéolé. Combien Jamel a-t-il dépensé?

0,87 $ 1,87 $ 2,87 $
◯   ◯   ◯

2. Cathou a acheté 2 moyennes boîtes, 5 petites enveloppes et 1 grande enveloppe. Combien Cathou a-t-elle dépensé?

1,32 $ 1,23 $ 13,20 $
◯   ◯   ◯

3. Kevin a acheté 8 mètres d'emballage alvéolé, 6 stylos, 1 timbre et 1 grande boîte. Combien Kevin a-t-il dépensé?

2,22 $ 2,12 $ 2,02 $
◯   ◯   ◯

4. Adrienne a acheté 2 petites boîtes, 4 grandes enveloppes et 4 timbres. Combien Adrienne a-t-elle dépensé?

2,34 $ 2,43 $ 3,24 $
◯   ◯   ◯

Exercice 21

Trouve la solution.

1. Roland a 50 ¢. Il dépense 9 ¢ pour acheter une baguette magique. Combien lui reste-t-il?

$$
\begin{array}{r}
50 ¢ \\
- \ 9 ¢ \\
\hline
\end{array}
$$

Il lui reste _____ ¢.

2. Marcelle a 3 pièces de 5 ¢, 1 pièce de 10 ¢ et 1 pièce de 25 ¢. Elle dépense 14 ¢ pour acheter une fleur qui crache de l'eau. Combien lui reste-t-il?

Il lui reste _____ ¢.

3. Donald a 1 pièce de 25 ¢, 4 pièces de 10 ¢, 1 pièce de 5 ¢ et 8 pièces de 1 ¢. Il dépense 29 ¢ pour acheter une patte de lapin porte-bonheur. Combien lui reste-t-il?

Il lui reste _____ ¢.

4. Lysanne a 15 pièces de 1 ¢ et 7 pièces de 10 ¢. Elle achète un chapeau de magicien à 28 ¢. Combien lui reste-t-il?

Il lui reste _____ ¢.

5. Archibald a 3 pièces de 25 ¢ et 3 pièces de 1 ¢. Il achète un livre de tours de magie à 49 ¢. Combien lui reste-t-il?

Il lui reste _____ ¢.

6. Mathilde a 4 pièces de 5 ¢ et 1 pièce de 1 ¢. Elle dépense 18 ¢ pour acheter un stylo à l'encre invisible. Combien lui reste-t-il?

Il lui reste _____ ¢.

7. À qui reste-t-il le plus d'argent? _____

8. À qui reste-t-il le moins d'argent? _____

Exercice 22

Utilise le tableau pour t'aider à trouver la solution. Noircis le cercle correspondant à la bonne réponse.

maillet et boule de croquet	balle et bâton de baseball	ballon et panier de basket-ball	boule et quilles	bâton et balle de golf
11,09 $	27,10 $	78,45 $	13,61 $	56,93 $

Combien de monnaie doit recevoir chaque client?

---

1. Mafalda a 78,91 $. Elle achète le ballon et le panier de basket-ball.

__ __ , __ __ $

− __ __ , __ __ $

__ __ , __ __ $

La monnaie est de _____ $.

---

2. Nathaniel a 45,52 $. Il achète la boule et les quilles.

__ __ , __ __ $

− __ __ , __ __ $

__ __ , __ __ $

La monnaie est de _____ $.

---

3. Karine a 12,63 $. Elle achète le maillet et la boule de croquet.

__ __ , __ __ $

− __ __ , __ __ $

__ __ , __ __ $

La monnaie est de _____ $.

---

4. Normand a 92,99 $. Il achète le bâton et la balle de golf.

__ __ , __ __ $

− __ __ , __ __ $

__ __ , __ __ $

La monnaie est de _____ $.

Exercice 23 ᕙ ✺ ᕙ ✺ ᕙ ✺ ᕙ ✺ ᕙ ✺ ᕙ ✺ ᕙ ᕙ ✺

Trouve la solution.

1. Mafalda a 48,91 $. Elle dépense 8,45 $ pour acheter un ballon de basket-ball. Combien lui reste-t-il?

$$48,91 \ \$$$
$$- \ \ 8,45 \ \$$$

Il lui reste _____ $.

2. Nathaniel a dépensé 13,61 $ pour acheter une boule et 22,58 $ pour un sac de jeu de quilles. Combien a-t-il dépensé?

Il a dépensé _____ $.

3. Karine a 12,63 $. Elle achète une raquette et un volant de badminton, et il lui revient 1,54 $ de monnaie. Combien a coûté l'ensemble de badminton?

L'ensemble de badminton a coûté _____ $.

4. Normand a 92,60 $. Il achète un bâton et une balle de golf à 56,03 $. Combien lui reste-t-il?

Il lui reste _____ $.

5. Pascal veut acheter un bâton de base-ball à 24,95 $ et un gant à 11,87 $. Combien lui faut-il?

Il lui faut _____ $.

6. Dominique a 81,93 $. Elle achète un ballon et un panier de basket-ball. Il lui est revenu 36,48 $ de monnaie. Combien ont coûté le ballon et le panier de basket-ball en tout?

Le ballon et le panier de basket-ball ont coûté _____ $ en tout.

Exercice 24 ๑ ๏ ๑ ๏ ๑ ๏ ๑ ๏ ๑ ๏ ๑ ๏ ๑ ๏ ๑ ๏ ๑ ๏ ๑ ๏

Trouve la solution.

1. Cathy achète 1 reliure à 1,49 $.
   Cathy achète aussi 4 gommes à
   effacer. Elles coûtent 0,39 $ les 2.
   Combien Cathy a-t-elle dépensé?

   $$
   \begin{array}{r}
   1,49 \ \$ \\
   0,39 \ \$ \\
   + \ 0,39 \ \$ \\
   \hline
   \end{array}
   $$

   Cathy a dépensé _____ $.

2. Raymond achète une calculette à
   1,99 $, un cahier à 0,35 $ et 3
   crayons. Les crayons coûtent
   0,10 $ chacun. Combien Raymond
   a-t-il dépensé?

   Raymond a dépensé _____ $.

3. Jacob a 1,50 $. Il achète un taille-
   crayon à 0,22 $ et 2 paquets de
   feuilles lignées. Un paquet de
   feuilles lignées coûte 0,13 $.
   Combien lui reste-t-il?

   Il lui reste _____ $.

4. Florence a 2 $. Elle dépense
   0,15 $ pour un protège-cahier et
   0,28 $ pour un porte-crayons.
   Combien lui reste-t-il?

   Il lui reste _____ $.

5. Maïté achète 6 signets. Les
   signets coûtent 0,25 $ les 3. Maïté
   achète aussi une chemise à
   dossier à 0,11 $. Combien Maïté
   a-t-elle dépensé?

   Maïté a dépensé _____ $.

6. Claude achète 1 règle à 0,33 $ et
   un stylo à 0,10 $. Claude paie ses
   achats avec une pièce de 1 $.
   Combien Claude reçoit-il en
   monnaie?

   Claude reçoit _____ $ en
   monnaie.

7. Grégoire a 0,71 $. Il dépense
   0,11 $ pour un calepin et 0,19 $
   pour une mini-agrafeuse. Combien
   lui reste-t-il?

   Il lui reste _____ $.

8. Béatrice achète un porte-crayons
   à 0,84 $, un crayon géant à 0,25 $
   et un paquet de crayons feutres à
   0,39 $. Combien Béatrice a-t-elle
   dépensé?

   Béatrice a dépensé _____ $.

Exercice 25

Utilise le dessin pour t'aider à trouver la solution.

1. Il y a 3 ours. Le $\frac{1}{3}$ des ours s'en va dans la caverne. Combien d'ours sont allés dans la caverne?

1/3 de 3 = _____

_____ ours est (sont) allé(s) dans la caverne.

2. Il y a 12 coccinelles qui volent. La $\frac{1}{2}$ des coccinelles se posent sur des fleurs. Combien de coccinelles se sont posées sur des fleurs?

1/2 de 12 = _____

_____ coccinelles se sont posées sur des fleurs.

3. Il y a 9 abeilles qui bourdonnent dans l'air. Le 1/3 des abeilles entre dans la ruche. Combien d'abeilles sont entrées dans la ruche?

1/3 de 9 = _____

_____ abeilles sont entrées dans la ruche.

4. Il y a 14 souris dans un trou de souris. La 1/2 des souris sort du trou. Combien de souris sont sorties du trou?

1/2 de 14 = _____

_____ souris sont sorties du trou.

5. Il y a 12 téléphones. Les 2/3 des téléphones se mettent à sonner. Combien de téléphones se sont mis à sonner?

2/3 de 12 = _____

_____ téléphones se sont mis à sonner.

6. Il y a 12 crayons. Les 3/6 des crayons ont été rangés dans le porte-crayons. Combien de crayons ont été rangés?

3/6 de 12 = _____

_____ crayons ont été rangés dans le porte-crayons.

Exercice 26

Trouve la solution. Pour t'aider, tu peux noircir les portions de cercle appropriées.

1. Jordan a mangé le 1/3 d'une tarte aux fraises et le 1/6 d'une tarte au chocolat. Quelle quantité de tarte Jordan a-t-il mangée?

Jordan a mangé les _____ d'une tarte.

2. Marguerite a planté des fleurs dans son jardin. Elle a planté des roses dans la 1/2 du jardin et des tulipes dans le 1/6 du jardin. Quelle portion du jardin Marguerite a-t-elle utilisée?

Marguerite a utilisé les _____ du jardin.

3. Horace avait son réservoir d'essence rempli au 1/4. Il a utilisé le 1/8 de l'essence. Combien reste-t-il dans le réservoir?

Il reste le _____ de l'essence dans le réservoir d'Horace.

4. Georgette avait 1 tasse de jus. Elle a bu le 1/3 du jus. Combien de jus reste-t-il dans la tasse?

Il reste les _____ du jus dans la tasse.

5. Thierry a une brouette qui contient le 1/4 d'un sac de terreau et la 1/2 d'un sac de paillis de cèdre. Quelle quantité de terreau et de paillis a-t-il dans sa brouette, en tout?

Thierry a les _____ d'un sac de terreau et de paillis, en tout.

6. Thérèse se fait un verre de lait au chocolat. Elle mélange 1/2 tasse de poudre avec 1/3 de tasse de lait. Quelle quantité d'ingrédients a-t-elle utilisée en tout?

Thérèse a utilisé les _____ d'une tasse d'ingrédients en tout.

Exercice 27

Trouve la solution.

1. Jocelyne a besoin de 8/9 de tasse de raisins secs. Il lui en reste seulement 4/9 de tasse. Quelle portion d'une tasse de raisins secs manque-t-il à Jocelyne?

$$\frac{8}{9} - \frac{4}{9} =$$

Il manque _____ d'une tasse de raisins secs à Jocelyne.

2. Boris a 7/8 de tasse de noix. Pour sa recette, il a besoin de seulement 3/8 de tasse de noix. Quelle portion de tasse de noix restera-t-il à Boris?

$$\frac{7}{8} - \frac{3}{8} =$$

Il restera _____ d'une tasse de noix à Boris.

3. Kouri a utilisé 3/7 de tasse de farine et 2/7 de tasse d'eau. Quelle quantité d'ingrédients Kouri a-t-il utilisée en tout?

$$\frac{3}{7} + \frac{2}{7} =$$

Kouri a utilisé _____ de tasse en tout.

4. Danaëlle a utilisé 8/11 de tasse de sucre et 2/11 de tasse de lait. Quelle quantité de sucre Danaëlle a-t-elle utilisée de plus que de lait?

$$\frac{8}{11} - \frac{2}{11} =$$

Danaëlle a utilisé _____ de tasse de sucre de plus que de lait.

5. Diane avait 4/5 de tasse de pépites de chocolat. Elle a mangé 1/5 de tasse de pépites. Quelle quantité de pépites de chocolat reste-t-il à Diane?

$$\frac{4}{5} - \frac{1}{5} =$$

Il reste _____ de tasse de pépites de chocolat à Diane.

6. Marie-Lise a besoin de 7/10 de tasse de miel. Il lui reste seulement 3/10 de tasse de miel. Quelle quantité de miel manque-t-il à Marie-Lise?

$$\frac{7}{10} - \frac{3}{10} =$$

Il manque _____ de tasse de miel à Marie-Lise.

Exercice 28 ⟳ ⟲ ⟳ ⟲ ⟲ ⟳ ⟲ ⟳ ⟲ ⟳ ⟲ ⟳ ⟲ ⟳ ⟳ ⟲

Écris le problème, puis trouve la solution.

1. Clarisse a mangé le 1/4 d'une tarte à la citrouille, et Clémence a mangé 2/4 d'une tarte à la citrouille. Quelle quantité de tarte ont-elles mangée en tout?

   Elles ont mangé les _____ d'une tarte.

2. Paméla et Henriette ont mangé chacune les 2/5 d'une barre de chocolat. Quelle portion de la barre de chocolat ont-elles mangée en tout?

   Elles ont mangé les _____ de la barre de chocolat.

3. Le sucrier contient 3/4 de tasse. Marine utilise 1/4 de tasse de sucre. Quelle quantité de sucre reste-t-il dans le sucrier?

   Il reste _____ de tasse de sucre dans le sucrier.

4. Dans la boîte, il y avait 5/6 de tasse de cire pour l'auto. Hector a utilisé 3/6 de tasse pour cirer son auto. Quelle quantité de cire reste-t-il?

   Il reste _____ de tasse de cire.

5. Benoît a eu les 5/8 d'une tarte. Il en a mangé les 2/8. Quelle quantité de tarte reste-t-il?

   Il reste _____ de tarte.

6. Julie avait les 18/24 d'un paquet de crayons. Son chien a mangé 6/24 du paquet de crayons. Quelle quantité de crayons reste-t-il à Julie?

   Il reste les _____ du paquet de crayons à Julie.

Exercice 29 ꩜ ꧁ ꩜ ꧁ ꩜ ꧁ ꩜ ꧁ ꩜ ꧁ ꩜ ꧁ ꩜ ꩜ ꧁

Multiplie chaque fraction par le dénominateur de l'autre, puis fais l'addition ou la soustraction.

Exemple :	$\dfrac{1}{4} + \dfrac{2}{3} = $ _____
	$(\dfrac{1}{4} \times \dfrac{3}{3}) + (\dfrac{2}{3} \times \dfrac{4}{4}) = \dfrac{3}{12} + \dfrac{8}{12} = \dfrac{11}{12}$

1. Billy a mangé le 1/4 de la dinde. William a mangé le 1/3 de la dinde. Quelle quantité de dinde ont-ils mangée en tout?

   Ils ont mangé les _____ de la dinde en tout.

2. Stéphanie a mangé les 3/5 de la pizza. Jeanne a mangé le 1/6 de la pizza. Quelle quantité de pizza Stéphanie a-t-elle mangée de plus que Jeanne?

   Stéphanie a mangé _____ de pizza de plus que Jeanne.

3. Kurt a couru 3/10 de kilomètre et il a marché 2/5 de kilomètre. Quelle distance Kurt a-t-il parcourue en tout?

   Kurt a parcouru _____ de kilomètre.

4. Jacquot a découpé 1/5 de la planche. Mariette a découpé 1/3 de la planche. Quelle portion de la planche ont-ils découpée en tout?

   Ils ont découpé _____ de la planche en tout.

5. Geneviève a mangé les 2/3 des gâteaux, et Émilie a mangé les 3/5 des gâteaux. Quelle quantité ont-elles mangée en tout?

   Elles ont mangé les _____ des gâteaux en tout.

6. Ronald a couru 3/4 de kilomètre. Jacques a couru 4/5 de kilomètres. Quelle portion de kilomètre Jacques a-t-il parcourue de plus que Ronald?

   Jacques a parcouru _____ de kilomètre de plus que Ronald.

Exercice 30

Lis le problème. Quelle est la probabilité que l'événement se produise? Encercle très probable ou peu probable.

1. Chaque année depuis 100 ans, le magasin Dupuis solde ses marchandises le 1er février. Quelle est la probabilité que le magasin Dupuis solde ses marchandises le 1er février prochain?

    très probable   peu probable

2. Les As ont perdu les 10 dernières parties. Quelle est la probabilité que cette équipe remporte la prochaine partie?

    très probable   peu probable

3. Chaque semaine, Damien obtient 100 % au concours d'épellation. Quelle est la probabilité que Damien obtienne 100 % au concours d'épellation de cette semaine?

    très probable   peu probable

4. Le village de Saint-Profond-des-Creux n'a pas reçu une seule goutte de pluie depuis 50 ans. Quelle est la probabilité qu'il pleuve cette semaine à Saint-Profond-des-Creux?

    très probable   peu probable

5. Tous les 5 ans, des millions de coccinelles envahissent le village de Trifouillis-les-Oies. La dernière invasion s'est produite il y a 2 ans. Quelle est la probabilité que le village de Trifouillis-les-Oies soit envahi de coccinelles cette année?

    très probable   peu probable

6. Tous les jours, la maman de Marie lui prépare un sandwich au beurre d'arachides et à la confiture pour son dîner. Quelle est la probabilité que Marie ait un sandwich au beurre d'arachides et à la confiture pour le dîner d'aujourd'hui?

    très probable   peu probable

Exercice 31 ⟐ ⟐ ⟐ ⟐ ⟐ ⟐ ⟐ ⟐ ⟐ ⟐ ⟐ ⟐ ⟐ ⟐

Trouve la solution. Noircis le cercle correspondant à la bonne réponse.

1. Elsa a tapé 200 mots en 4 minutes. Combien de mots environ Elsa peut-elle taper en 1 minute?

> 50   environ 50   < 50
○   ○   ○

2. Pierre a tapé 200 mots, mais 1 mot sur 5 était mal tapé! Combien Pierre a-t-il fait de fautes de frappe?

> 35   environ 35   < 35
○   ○   ○

3. Babette peut taper 38 mots à la minute sur une machine à écrire. Elle peut taper 3 fois plus vite sur un clavier d'ordinateur. Environ combien de mots à la minute Babette peut-elle taper sur un ordinateur?

> 100   environ 100   < 100
○   ○   ○

4. Edgar tape le mot « math » 29 fois. Combien de lettres a-t-il tapées en tout?

> 110   environ 110   < 110
○   ○   ○

5. Une page peut contenir 12 phrases. Si Ève doit taper 192 phrases, combien lui faut-il de pages?

> 18   environ 18   < 18
○   ○   ○

6. Bernard peut taper 18 mots à la minute. Combien de mots Bernard peut-il taper en 8 minutes?

> 80   environ 80   < 80
○   ○   ○

Exercice 32

Trouve la solution.

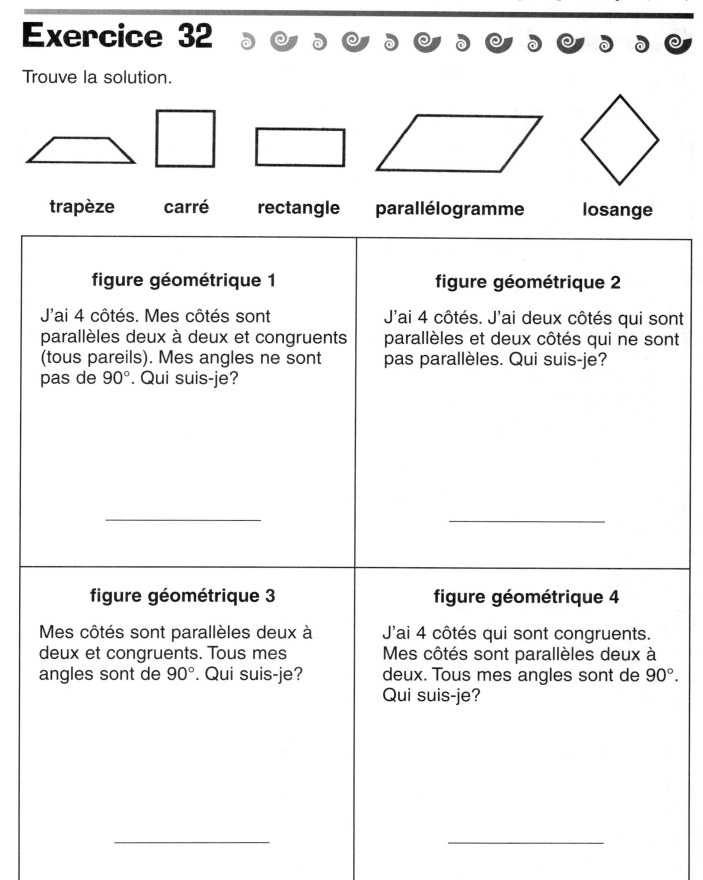

trapèze   **carré**   **rectangle**   **parallélogramme**   **losange**

figure géométrique 1

J'ai 4 côtés. Mes côtés sont parallèles deux à deux et congruents (tous pareils). Mes angles ne sont pas de 90°. Qui suis-je?

_____

figure géométrique 2

J'ai 4 côtés. J'ai deux côtés qui sont parallèles et deux côtés qui ne sont pas parallèles. Qui suis-je?

_____

figure géométrique 3

Mes côtés sont parallèles deux à deux et congruents. Tous mes angles sont de 90°. Qui suis-je?

_____

figure géométrique 4

J'ai 4 côtés qui sont congruents. Mes côtés sont parallèles deux à deux. Tous mes angles sont de 90°. Qui suis-je?

_____

Exercice 33

Dessine la figure géométrique et trouve son aire. Utilise les formules ci-dessous pour t'aider.

carré	rectangle
aire = longueur x largeur 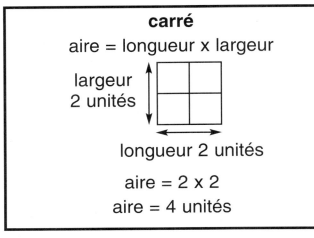 longueur 2 unités aire = 2 x 2 aire = 4 unités	aire = longueur x largeur 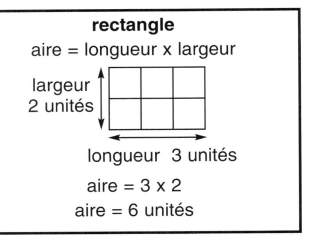 longueur 3 unités aire = 3 x 2 aire = 6 unités

1. Ariel a fait un carré. Chaque côté mesure 4 unités. Quelle est l'aire de son carré?

   L'aire du carré est de _____ unités.

2. Aaron a fait un rectangle qui mesure 6 unités de longueur et 4 unités de largeur. Quelle est l'aire de son rectangle?

   L'aire du rectangle est de _____ unités.

3. Sabine a fait un rectangle qui mesure 5 unités de longueur et 3 unités de largeur. Quelle est l'aire de son rectangle?

   L'aire du rectangle est de _____ unités.

4. Vladimir a fait un carré. Chaque côté a 5 unités de longueur. Quelle est l'aire de son carré?

   L'aire du carré est de _____ unités.

Exercice 34

Dessine le triangle et trouve son aire. Utilise la formule ci-dessous pour t'aider.

aire d'un triangle $= \dfrac{\text{base x hauteur}}{2}$

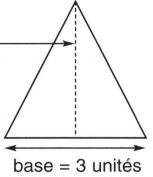

hauteur = 4 unités

base = 3 unités

aire $= \dfrac{3 \times 4}{2}$

aire $= \dfrac{12}{2}$

aire = 6 unités

---

1. Lola a fait un triangle qui a une base de 5 unités et une hauteur de 6 unités. Quelle est l'aire de son triangle?

   L'aire du triangle est de _____ unités.

2. Nestor a fait un triangle qui a une base de 2 unités et une hauteur de 4 unités. Quelle est l'aire de son triangle?

   L'aire du triangle est de _____ unités.

---

3. André a fait un triangle qui a une base de 5 unités et une hauteur de 4 unités. Quelle est l'aire de son triangle?

   L'aire du triangle est de _____ unités.

4. Suzy a fait un triangle qui a une base de 3 unités et une hauteur de 6 unités. Quelle est l'aire de son triangle?

   L'aire du triangle est de _____ unités.

Exercice 35 ꙮ ꙮ ꙮ ꙮ ꙮ ꙮ ꙮ ꙮ ꙮ ꙮ ꙮ ꙮ ꙮ ꙮ ꙮ

Trouve la solution.

1. Évelyne choisit un nombre. Ce nombre est entre 1 et 10. Il est divisible par 2 et par 3. Quel est ce nombre?

   Le nombre choisi par Évelyne est _____.

2. Israël choisit un nombre. Ce nombre est entre 11 et 20. Il est divisible par 2, par 3 et par 4. Quel est ce nombre?

   Le nombre choisi par Israël est _____.

3. Charlotte choisit un nombre impair qui est entre 21 et 30. Ce nombre est divisible par 3 et par 9. Quel est ce nombre?

   Le nombre choisi par Charlotte est _____.

4. Nathan choisit un nombre pair qui est entre 31 et 40. Ce nombre est divisible par 2, par 4 et par 8. Quel est ce nombre?

   Le nombre choisi par Nathan est _____.

5. Christine choisit un nombre pair qui est entre 41 et 51. Ce nombre est divisible par 2, par 5, par 10 et par 25. Quel est ce nombre?

   Le nombre choisi par Christine est _____.

6. Lucien choisit un nombre pair qui est entre 51 et 60. Ce nombre est divisible par 3, par 6 et par 9. Quel est ce nombre?

   Le nombre choisi par Lucien est _____.

Exercice 36

Pour trouver la moyenne, additionne tous les nombres contenus dans le groupe, puis divise le résultat par la quantité de nombres dans le groupe. Trouve la longueur moyenne de chaque saut de grenouille.

1. Crapette a sauté 3 cm. Rainette a sauté 6 cm. Grenouillette a sauté 9 cm. Quelle est la longueur moyenne de leurs sauts?

$$3 + 6 + 9 = 18$$
$$18 \div 3 = \underline{\ \ }$$

La longueur moyenne de leurs sauts est de _____ cm.

2. Rainette a sauté 4 cm. Crapette a sauté 4 cm. Grenouillette a sauté 7 cm. Mouillette a sauté 9 cm. Quelle est la longueur moyenne de leurs sauts?

$$4 + 4 + 7 + 9 = \underline{\ \ }$$
$$\underline{\ \ } \div 4 = \underline{\ \ }$$

La longueur moyenne de leurs sauts est de _____ cm.

3. Crapette a sauté 510 cm en 3 sauts. Quelle est la longueur moyenne de ses sauts?

$$3 \overline{)510}$$

La longueur moyenne de ses sauts est de _____ cm.

4. Rainette a sauté 1 065 cm en 5 sauts. Quelle est la longueur moyenne de ses sauts?

$$5 \overline{)1065}$$

La longueur moyenne de ses sauts est de _____ cm.

5. Grenouillette a sauté 888 cm en 4 sauts. Quelle est la longueur moyenne de ses sauts?

La longueur moyenne de ses sauts est de _____ cm.

6. Mouillette a sauté 460 cm en 10 sauts. Quelle est la longueur moyenne de ses sauts?

La longueur moyenne de ses sauts est de _____ cm.

Révision 1

Noircis la lettre correspondant à la bonne réponse.

1. Tous les samedis après-midi, Nadine va voir le nouveau film au cinéma Nostalgie. Aujourd'hui, c'est samedi. Quelle est la probabilité que Nadine se rende au cinéma, cet après-midi?

(A) très probable (B) peu probable

2. Ophélie a 18 colliers, 19 bracelets et 21 montres. Combien de bijoux Ophélie a-t-elle environ? (Arrondis le résultat à la dizaine la plus près pour répondre à la question.)

(A) 20   (B) 40

(C) 60   (D) 50

3. La distance entre Cratèreville et Lunéville est de 167 kilomètres. De Cratèrevile à Cité-Soleil, la distance est de 639 kilomètres. Quelle est la distance approximative entre Lunéville et Cité-Soleil? (Arrondis le résultat à la centaine la plus près pour répondre à la question.)

(A) 500 km   (B) 300 km

(C) 400 km   (D) 200 km

4. Joseph a ramassé 22 coquillages, 13 dollars des sables et 44 galets. Combien Joseph a-t-il ramassé de choses en tout?

(A) 79   (B) 78

(C) 77   (D) 76

5. Rachel a attrapé 87 poissons. Elle en a rejeté 55 à la mer. Combien de poissons reste-t-il à Rachel?

(A) 22   (B) 142

(C) 132   (D) 32

6. Tous les jours, Léo fait une sieste de 15 minutes et une séance d'exercices de 1/2 heure. Combien de temps Léo passe-t-il en tout à faire la sieste et à faire des exercices?

(A) 30 minutes   (B) 45 minutes

(C) 60 minutes   (D) 20 minutes

Noircis la lettre correspondant à la bonne réponse.

1. La remorque à cheval coûte
3 076 $. Le cheval coûte 4 803 $.
Combien les deux coûtent-ils en
tout?

(A) 1 727 $ (B) 1 879 $

(C) 7 879 $ (D) 7 978 $

2. La plus récente console de jeux
vidéo coûte 5 444 $. Aujourd'hui,
elle est soldée à 2 331 $. Quel est
le montant de l'épargne?

(A) 1 331 $ (B) 3 311 $

(C) 7 775 $ (D) 3 113 $

3. Sybille a mélangé 1/3 de tasse de
vinaigre et 1/2 tasse d'huile. Quelle
quantité d'ingrédients a-t-elle
utilisée en tout?

(A) 1/5   (B) 5/6

(C) 2/5   (D) 6/5

4. Le stade peut accueillir
11 972 personnes. À la partie
d'aujourd'hui, il y avait
9 081 spectateurs. Combien de
sièges sont restés vides, environ?
(Arrondis le résultat au millier le
plus près.)

(A) 3 000   (B) 2 000

(C) 4 000   (D) 1 000

5. Pénélope organise une grande
fête. Elle a besoin de 3 123
couverts, 3 980 assiettes et 1 572
serviettes de table. De combien de
choses Pénélope a-t-elle besoin
pour sa grande fête?

(A) 8 765   (B) 8 567

(C) 8 675   (D) 7 675

6. Frédéric a 8 sachets. Dans chaque
sachet, Frédéric a mis 9 petits
cailloux. Combien de cailloux
Frédéric a-t-il en tout?

(A) 64   (B) 74

(C) 17   (D) 72

Révision 3

Noircis la lettre correspondant à la bonne réponse.

1. Lori a 63,88 $. Elle dépense 10,19 $ pour acheter un nouveau pneu pour sa bicyclette. Combien lui reste-t-il?

   (A) 35,69 $ (B) 53,69 $

   (C) 55,69 $ (D) 56,39 $

2. Pour sa bicyclette, Laurent veut acheter une selle à 4,56 $ et une pompe à 19,54 $. Combien les deux coûtent-ils en tout?

   (A) 14,98 $ (B) 19,48 $

   (C) 24,10 $ (D) 21,40 $

3. Romy a 3/4 de dollar. Elle dépense 0,18 $ pour acheter un réflecteur à bicyclette. Combien lui reste-t-il?

   (A) 0,57 $ (B) 0,75 $

   (C) 0,93 $ (D) 0,32 $

4. Jean a un demi-dollar. Il dépense 23 ¢ pour acheter une plaque d'immatriculation pour sa bicyclette. Combien lui reste-t-il?

   (A) 0,28 $ (B) 0,27 $

   (C) 0,72 $ (D) 0,73 $

5. À l'exposition cycliste, 3 577 poignées de bicyclettes et 6 098 cadenas ont été donnés. Combien d'objets ont été donnés en tout?

   (A) 2 521   (B) 9 765

   (C) 9 675   (D) 9 576

6. Parmi les 3 326 personnes qui ont visité l'exposition cycliste, 784 ont participé au rodéo à vélo. Combien de personnes ont assisté au spectacle?

   (A) 2 542   (B) 4 110

   (C) 2 452   (D) 4 100

Révision 4

Noircis la lettre correspondant à la bonne réponse.

1. Trouve le nombre mystère. C'est un nombre pair divisible par 3, par 6, par 11 et par 33. Le nombre mystère est :

(A) 61   (B) 63

(C) 66   (D) 69

2. On peut faire 8 tasses de café en utilisant 1 cuillerée de café en poudre. Si tu dois faire du café pour 80 personnes, combien de cuillerées de café en poudre te faut-il?

(A) 10   (B) 9

(C) 8   (D) 7

3. Il y a 36 lacets de réglisse dans un paquet de 6 grammes. Combien de lacets de réglisse y a-t-il dans un paquet de 1 gramme?

(A) 3   (B) 6

(C) 9   (D) 1

4. Le camion a parcouru 500 kilomètres avec 10 litres d'essence. Combien le camion peut-il parcourir de kilomètres avec 1 litre?

(A) 5   (B) 15

(C) 50   (D) 55

5. Au cours des 3 dernières parties de basket-ball, Antonia a marqué 15, 36, puis 27 points. Combien de points Antonia a-t-elle marqués en moyenne?

(A) 26   (B) 28

(C) 30   (D) 24

6. Ginette avait 10 rubans. Elle a vendu chaque ruban 9 ¢. Combien a-t-elle obtenu en tout?

(A) 9 ¢   (B) 19 ¢

(C) 99 ¢   (D) 90 ¢

Révision 5

Noircis la lettre correspondant à la bonne réponse.

1. Ramona achète une pelle à 2,99 $, 3 paquets de semences à 0,31 ¢ le paquet et 2 tuteurs à 15 ¢ chacun. Combien Ramona a-t-elle dépensé?

   Ⓐ 3,76 $ Ⓑ 4,07 $

   Ⓒ 4,22 $ Ⓓ 3,45 $

2. Martin achète 4 paires de chaussettes à 1,39 $ les deux paires, une ceinture à 0,86 $ et un pantalon à 0,25 ¢. Combien Martin a-t-il dépensé en tout?

   Ⓐ 3,89 $ Ⓑ 2,50 $

   Ⓒ 6,67 $ Ⓓ 3,98 $

3. Hildegarde achète 16 crayons qu'elle veut partager entre 4 amis. Combien de crayons Hildegarde peut-elle donner à chaque ami?

   Ⓐ 3   Ⓑ 5

   Ⓒ 4   Ⓓ 2

4. Jean-Baptiste achète 50 os pour donner à 5 chiens. Combien chaque chien aura-t-il d'os?

   Ⓐ 5   Ⓑ 20

   Ⓒ 15   Ⓓ 10

5. Cathy a 1/4 de tasse de pouding. Elle met 1/6 de tasse de crème fouettée dessus. Quelle quantité de pouding et de crème fouettée Cathy a-t-elle utilisée en tout?

   Ⓐ 10/24   Ⓑ 3/4

   Ⓒ 2/10   Ⓓ 1/2

6. Billy a 4/5 de tasse de thon. Il en utilise 1/3 de tasse pour faire un sandwich au thon. Quelle quantité de thon lui reste-t-il?

   Ⓐ 5/8   Ⓑ 3/2

   Ⓒ 17/15   Ⓓ 7/15

Révision 6

Noircis la lettre correspondant à la bonne réponse.

1. Armand a 4 $ en pièces de 1 ¢.
   Combien de pièces de 1 ¢ Armand
   a-t-il?

   (A) 4   (B) 40

   (C) 4 000   (D) 400

2. Andréa met 1 000 graines de
   melon d'eau dans 100 sachets.
   Combien de graines Andréa a-
   t-elle mis dans chaque sachet?

   (A) 1   (B) 10

   (C) 100   (D) 1 000

3. Un paquet de 6 boissons
   gazeuses coûte 2,04 $. Combien
   coûte une boisson gazeuse?

   (A) 0,34 $ (B) 0,35 $

   (C) 0,33 $ (D) 0,36 $

4. Un paquet de 12 gommes à
   mâcher coûte 4,80 $. Combien
   coûte un morceau de gomme à
   mâcher?

   (A) 0,41 $ (B) 0,39 $

   (C) 0,04 $ (D) 0,40 $

pain

2,40 $ chacun

muffins

3 $ la douzaine

beignes

2,40 $ la douzaine

5. Janelle va à la boulangerie et elle achète 2 pains, 3 muffins et 1 beigne.
   Combien a-t-elle dépensé?

   (A) 2,33 $ (B) 2,83 $ (C) 7,78 $ (D) 5,75 $

6. Jules achète une demi-douzaine de beignes et une demi-douzaine de
   muffins. Combien Jules a-t-il dépensé?

   (A) 2,70 $ (B) 5,40 $ (C) 4,20 $ (D) 7,20 $

Feuille-réponse

Révision 1 (page 40)	Révision 2 (page 41)	Révision 3 (page 42)
1. (A) (B)	1. (A) (B) (C) (D)	1. (A) (B) (C) (D)
2. (A) (B) (C) (D)	2. (A) (B) (C) (D)	2. (A) (B) (C) (D)
3. (A) (B) (C) (D)	3. (A) (B) (C) (D)	3. (A) (B) (C) (D)
4. (A) (B) (C) (D)	4. (A) (B) (C) (D)	4. (A) (B) (C) (D)
5. (A) (B) (C) (D)	5. (A) (B) (C) (D)	5. (A) (B) (C) (D)
6. (A) (B) (C) (D)	6. (A) (B) (C) (D)	6. (A) (B) (C) (D)

Révision 4 (page 43)	Révision 5 (page 44)	Révision 6 (page 45)
1. (A) (B) (C) (D)	1. (A) (B) (C) (D)	1. (A) (B) (C) (D)
2. (A) (B) (C) (D)	2. (A) (B) (C) (D)	2. (A) (B) (C) (D)
3. (A) (B) (C) (D)	3. (A) (B) (C) (D)	3. (A) (B) (C) (D)
4. (A) (B) (C) (D)	4. (A) (B) (C) (D)	4. (A) (B) (C) (D)
5. (A) (B) (C) (D)	5. (A) (B) (C) (D)	5. (A) (B) (C) (D)
6. (A) (B) (C) (D)	6. (A) (B) (C) (D)	6. (A) (B) (C) (D)

Corrigé

Page 4
1. 60 4. 20
2. 80 5. 90
3. 30 6. 60

Page 5
Tableau
   100, 100, 100
   100, 200, 200
   100, 200, 200
   100, 200, 200
1. 100
2. 300
3. 500

Page 6
1. 442
2. 666
3. 413
4. 322
5. 524
6. 557

Page 7
1. 7 130
2. 6 488
3. 7 717
4. 3 988
5. 3 232
6. 5 349

Page 8
1. 73
2. 73
3. 77
4. 68
5. 66 757
6. 45 883

Page 9
1. 81
2. 89
3. 78
4. 192
5. 2 833
6. 1 417

Page 10
1. 146 909
2. 2 370
3. 19 502
4. 9 085

Page 11
1. 8
2. 4
3. 2 x 3 = 6
4. 4 x 4 = 16
5. 8 x 8 = 64
6. 5 x 8 = 40

Page 12
1. 5 x 1 ¢ = 5 ¢
2. 8 x 3 ¢ = 24 ¢
3. 6 x 4 = 24
4. 3 x 3 = 9
5. 5 x 6 ¢ = 30 ¢
6. 3 x 9 = 27

Page 13
1. 48 œufs
2. 48 heures
3. 48 mois
4. 77 jours
5. 365 jours
6. 210 jours
7. 500 cm
8. 800 cm

Page 14
1. 8 perles
2. 4 graines
3. 8 pattes
4. 2 ailes
5. 5 plumes
6. 2 oreilles

Page 15
1. 48 ÷ 4 = 12
   12 x 4 = 48
2. 72 ÷ 2 = 36
   36 x 2 = 72

3. 39 ÷ 3 = 13
   13 x 3 = 39
4. 44 ÷ 4 = 11
   11 x 4 = 44

Page 16
1. 15
2. 90
3. 50
4. 70
5. 25
6. 11
7. 20
8. 8

Page 17
1. 230
2. 15
3. 8 kilos
4. 400 heures
5. 100
6. 200

Page 18
1. 1 000
2. 18
3. 25 $
4. 50
5. 2 000
6. 10 $

Page 19
1. 24 R2
2. 6 R2
3. 8 R3
4. 9 R2
5. 23 R5
6. 97 R1

Page 20
1. 1 085
2. 372
3. 1 859
4. 4 784; 3 588

Page 21
1. 23 min
2. 45 min
3. 35 min
4. 45 min
5. 25 min
6. 39 min

Page 22
1. 2 h et 15 min
2. 1 h et 45 min
3. 14 h 15
4. 18 h 45
5. 14 h 47
6. 52 minutes

Page 23
1. 1,87 $
2. 1,32 $
3. 2,22 $
4. 2,34 $

Page 24
1. 41 ¢
2. 36 ¢
3. 49 ¢
4. 57 ¢
5. 29 ¢
6. 3 ¢
7. Lysanne
8. Mathilde

Page 25
1. 78,91 $ − 78,45 $ = 0,46 $
2. 45,52 $ − 13,61 $ = 31,91 $
3. 12,63 $ − 11,09 $ = 1,54 $
4. 92,99 $ − 56,93 $ = 36,06 $

Page 26
1. 40,46 $
2. 36,19 $
3. 11,09 $
4. 36,57 $
5. 36,82 $
6. 45,45 $

Page 27

1. 2,27 $
2. 2,64 $
3. 1,02 $
4. 1,57 $
5. 0,61 $
6. 0,57 $
7. 0,41 $
8. 1,48 $

Page 28

1. 1
2. 6
3. 3
4. 7
5. 8
6. 6

Page 29

1. 3/6 ou 1/2

2. 4/6 ou 2/3

3. 1/8

4. 2/3

5. 3/4

6. 5/6

Page 30

1. 4/9
2. 4/8 ou 1/2
3. 5/7
4. 6/11
5. 3/5
6. 4/10 ou 2/5

Page 31

1. 3/4
2. 4/5
3. 2/4 ou 1/2
4. 2/6 ou 1/3
5. 3/8
6. 12/24 ou 1/2

Page 32

1. 7/12
2. 13/30
3. 35/50 ou 7/10
4. 8/15
5. 19/15 ou 1 4/15
6. 1/20

Page 33

1. très probable
2. peu probable
3. très probable
4. peu probable
5. peu probable
6. très probable

Page 34

1. environ 50
2. > 35
3. > 100
4. > 110
5. < 18
6. > 80

Page 35

1. losange
2. trapèze
3. rectangle
4. carré

Page 36

1. 16
2. 24
3. 15
4. 25

Page 37

1. 15
2. 4
3. 10
4. 9

Page 38

1. 6
2. 12
3. 27
4. 32
5. 50
6. 54

Page 39

1. 6 cm
2. 6 cm
3. 170 cm
4. 213 cm
5. 222 cm
6. 46 cm

Page 40

1. ● Ⓑ
2. Ⓐ Ⓑ ● Ⓓ
3. Ⓐ Ⓑ ● Ⓓ
4. ● Ⓑ Ⓒ Ⓓ
5. Ⓐ Ⓑ Ⓒ ●
6. Ⓐ ● Ⓒ Ⓓ

Page 41

1. Ⓐ Ⓑ ● Ⓓ
2. Ⓐ Ⓑ Ⓒ ●
3. Ⓐ ● Ⓒ Ⓓ
4. ● Ⓑ Ⓒ Ⓓ
5. Ⓐ Ⓑ ● Ⓓ
6. Ⓐ Ⓑ Ⓒ ●

Page 42

1. Ⓐ ● Ⓒ Ⓓ
2. Ⓐ Ⓑ ● Ⓓ
3. ● Ⓑ Ⓒ Ⓓ
4. Ⓐ ● Ⓒ Ⓓ
5. Ⓐ Ⓑ ● Ⓓ
6. ● Ⓑ Ⓒ Ⓓ

Page 43

1. Ⓐ Ⓑ ● Ⓓ
2. ● Ⓑ Ⓒ Ⓓ
3. Ⓐ ● Ⓒ Ⓓ
4. Ⓐ Ⓑ ● Ⓓ
5. ● Ⓑ Ⓒ Ⓓ
6. Ⓐ Ⓑ Ⓒ ●

Page 44

1. Ⓐ Ⓑ ● Ⓓ
2. ● Ⓑ Ⓒ Ⓓ
3. Ⓐ Ⓑ ● Ⓓ
4. Ⓐ Ⓑ Ⓒ ●
5. ● Ⓑ Ⓒ Ⓓ
6. Ⓐ Ⓑ Ⓒ ●

Page 45

1. Ⓐ Ⓑ Ⓒ ●
2. Ⓐ ● Ⓒ Ⓓ
3. ● Ⓑ Ⓒ Ⓓ
4. Ⓐ Ⓑ Ⓒ ●
5. Ⓐ Ⓑ Ⓒ ●
6. ● Ⓑ Ⓒ Ⓓ